Catalogue et e-commerce
Notre catalogue de livres et autres produits est consultable sur :
http://www.msm-editions.fr
http://www.msm-publishers.com
Ces sites sont marchands avec paiement sécurisé en ligne.

65500 Vic-en-Bigorre - France
Tél. : (33) 05 62 31 68 01 - Fax. : (33) 05 62 31 68 08
e-mail : contact@msm-editions.fr

Dépôt légal : Février 2007
ISBN 978-2-9115-1590-3

Imprimé par Llob 3, Barberà del Vallès - Espagne (avril 2011)

Goumbi

Un enfant au temps de la pierre polie

Illustrations : Gemma Sales
Texte : Séverine et Pierre Machu

Conseiller scientifique :
Laboratoire de Préhistoire du Musée de l'Homme

MSM

Il y a fort longtemps, plus de 20 000 ans, les hommes vivaient de chasse et de cueillette. Nomades, ils suivaient les grands troupeaux de rennes, d'aurochs et de chevaux, et se réfugiaient, le soir, dans leur campement de tentes en peaux de rennes ou dans de vastes grottes qu'ils ornaient parfois de peintures d'animaux.

Quelques milliers d'années plus tard, les hommes commencèrent à domestiquer les animaux et à cultiver la terre. Ils construisirent les premiers villages. Autour, des champs de blé, de seigle ou d'orge occupèrent un paysage dans lequel vaches et chèvres firent leur apparition. C'était il y a moins de 10 000 ans, dans des pays d'Orient.

Il y a 5 000 ans, à une époque où l'homme savait polir la pierre, des bergers et des agriculteurs s'étaient installés au pied d'une belle et grande montagne. Là, ils avaient construit, pour leurs familles, de grandes maisons rectangulaires aux toits de chaumes, qui formaient un petit village.

Tanak, le chef du village, vivait avec Tsani, sa fomme, Flor et Mira, ses deux filles, et Goumbi, son petit dernier. Goumbi était adoré par tous pour sa vivacité et sa gentillesse. Il était toujours prêt à aider ses parents mais ce qu'il aimait le plus c'était accompagner son père en montagne car, en parcourant les chemins, il se mettait à rêver au jour où, devenu grand, il partirait seul à la découverte de lointains sommets.

Aujourd'hui, tous les habitants du village sont venus aider Tanak à construire une maison pour Flor. Après avoir dressé la charpente à l'aide de robustes poteaux en pin, des hommes montèrent les murs de la maison en entrecroisant de fines branches de noisetier, pendant que d'autres préparaient les bottes de chaume pour couvrir le toit.

« A quoi va servir le mélange d'argile et de paille que tu nous as demandé de piétiner ? », interrogea Goumbi.
« À préparer un enduit qui permettra de mieux isoler les murs de la maison », expliqua Tsani.

Un matin de printemps, Goumbi partit, avec les hommes du village, défricher un nouvel espace dans la forêt toute proche. Après avoir abattu quelques arbres, Tanak mit le feu à la clairière qu'ils venaient d'ouvrir.
« Pourquoi faire cela ? », demanda Goumbi.
« Les cendres du brûlis rendront la terre de ce nouveau champ plus fertile », lui répondit son père.
Un peu plus tard, les semailles commencèrent.
« Je peux guider l'araire, dis papa ? », questionna Goumbi en regardant l'attelage qui commençait à labourer le sol.
« Non Goumbi, il est bien trop lourd pour toi ! Mais si tu veux, prends la pioche et creuse des petits trous dans lesquels tu déposeras une graine. »

C'était un grand jour pour Goumbi car, pour la première fois, il partait chasser avec les hommes du village. Pour l'occasion, son père lui avait confectionné un arc en bois d'if avec des flèches en noisetier, terminées par de belles pointes en silex.
« Te voilà devenu un vrai petit homme maintenant ! », lui déclara fièrement Tanak.

Goumbi passa sa journée à courir dans la forêt à la recherche de petits gibiers, ce qui fit bien rire les chasseurs.

La dextérité de sa grande sœur à monter des poteries émerveillait Goumbi.
« Dis, Mira, je peux t'aider ? »
Mira lui expliqua comment rouler l'argile en boudins qu'elle superposait pour former une écuelle.
« Elle est très jolie ! », s'extasia Goumbi pendant que sa sœur lissait les parois de la céramique.
« Il faut la laisser sécher, nous irons la faire cuire tout à l'heure au four. »
Tsani et d'autres femmes étaient près du four quand Goumbi et Mira arrivèrent.
« Maman, est ce que je peux faire cuire notre céramique avec les tiennes ? »
« Oui, mais avant, il faut que tu m'aides à défourner celles qui sont cuites.
Fais attention Goumbi ! Tu vas te brûler ! »

L'été était arrivé.
Goumbi attendait avec impatience la période de la moisson car c'était, pour lui, l'occasion de faire de longues parties de cache-cache dans les champs avec les autres enfants.
Pendant ce temps, les hommes coupaient les blés à l'aide de faucilles et de couteaux à moissonner, à lame de silex, tandis que les femmes mettaient les grains de blé dans des jarres.

A la fin des moissons, pour remercier la déesse-terre de l'abondance des récoltes, chaque famille préparait un grand repas.
« Aide-moi à déposer la pâte sur ces galets chauffés, s'il te plaît Goumbi, sinon je ne serai jamais prête à temps ».
« Je pourrais les décorer ensuite avec les framboises que j'ai ramassées hier dans la forêt ? »
« Bonne idée, mais si tu les manges toutes, il n'en restera plus pour nos galettes ! », lui glissa malicieusement Flor.

De son côté, Mira tissait sur son métier de grandes pièces de toile colorée, qui serviraient à confectionner de nouveaux vêtements. « Fais attention à ne pas tâcher le tissu avec les framboises, Goumbi ! », s'exclama t-elle.

C'était l'hiver, et le jour était bien avancé quand Goumbi fut intrigué par des cris d'allégresse à peine amortis par la neige qui tombait drue. Tout le monde se précipita pour accueillir Suran, son oncle, un des sages du village, qui revenait d'un long voyage.

Toute la petite famille s'assit autour du foyer et Suran commença son récit...

Suran parla, tout d'abord, de ses longues journées de marche solitaire, puis de sa rencontre avec un « peuple de l'eau » qui vivait sur la rive d'un lac. Ces hommes se déplaçaient sur les eaux en pirogue. Ils étaient très habiles dans l'art de la pêche, prenant les poissons à l'aide de nasses et de filets.

Là, Suran fit la connaissance d'un homme venant, lui aussi, des montagnes. Il portait à la ceinture un poignard dont la lame scintillait au soleil. Il lui demanda :
« Quel est ce silex qui donne de tels éclats ? ». L'homme prit un air mystérieux et répondit : « Ce n'est pas du silex mais du métal que j'obtiens en faisant fondre des pierres ».
Suran interrompit son récit et, devant cinq paires d'yeux médusés, sortit de son sac des roches étincelantes. C'était du cuivre…

Suran poursuivit son voyage en direction de l'ouest, vers le grand océan qu'il atteignit après plusieurs semaines de marche.
Il assista à une procession funéraire en l'honneur d'un chef de village.
Le cortège passa devant d'immenses alignements de pierres dressées, des menhirs, qui conduisaient à une série de dolmens dans lesquels ces hommes déposaient leurs morts.

Suran décrivit longuement ces tombes étranges faites de grandes pierres plates, recouvertes par de la terre et des pierres.
Goumbi écoutait, avec émerveillement, Suran évoquer ces peuples lointains et leurs coutumes. La nuit était déjà bien avancée, mais il n'avait pas sommeil...

Goumbi était parti, seul, rechercher dans la montagne le troupeau de son père. Il fut surpris par un gros orage qui fit trembler toute la montagne. Très effrayé, il se réfugia dans la première grotte qu'il trouva. À la lumière d'un éclair, Goumbi découvrit une série de pierres étincelantes ressemblant beaucoup à celles qu'avait ramenées Suran de son voyage. Il réussit à en extraire quelques unes et les ramena au village. Avec le temps, grâce à la découverte de Goumbi et aux conseils de Suran, le travail du métal devint une importante activité pour le village.
« Approche mon fils et observe bien mes gestes car un jour ce sera toi qui devras les apprendre à tes fils ».
Goumbi regarda avec attention son père qui, en fondeur habile, transforma le minerai de cuivre en une pâte visqueuse qu'il versa dans un moule.

Il ne faisait pas de doute pour Tanak et les sages du village, que l'imposante montagne au pied de laquelle Goumbi avait trouvé du cuivre était sacrée. Entourée de vastes forêts giboyeuses, de torrents impétueux et de pentes herbeuses, elle était prodigue en bienfaits et les terribles orages qui y résonnaient devaient être l'expression de la puissance des dieux. Afin de les honorer, Tanak grava, sur une dalle orangée, la représentation d'une des précieuses lames en métal qu'il savait fabriquer.

Goumbi devint en grandissant un des sages du village. Il continua, ainsi que ses fils et les fils de ses fils à vénérer, chaque été, la montagne sacrée et à prier les dieux d'apporter l'abondance, en gravant la pierre de dessins auxquels ils donnaient un sens.

Des siècles et des millénaires ont passé... les hommes ont évolué et, avec eux, leurs coutumes, leurs croyances, leur savoir faire. Mais, des pierres se dressent toujours vers le ciel, témoins de l'époque des premiers villages, des premières cultures, des premiers métaux, de celle d'un enfant qui s'appelait Goumbi...